AF316970

BANQUET

DU 15 AOUT 1892

TOAST

DU

Baron Jules LEGOUX

TOAST

DU

Baron Jules LEGOUX

Les Comités Plébiscitaires Impérialistes
de la Seine se sont réunis, suivant l'usage,
en un banquet fraternel à l'occasion de la
Saint-Napoléon. Ce banquet a été présidé
par M. Engerand, député du Calvados. A
côté de lui ont pris place à la table d'honneur : M. le baron Jules Legoux, délégué
général du prince Napoléon ; M. Boinvilliers, ancien maître des requêtes au Conseil
d'État de l'Empire; M. le comte de Laborde,
ancien officier ; M. Delarue représentant le
Comité Impérialiste de Rouen ; MM. Turpaud, Debetz et Desile, vice-présidents
généraux des Comités de la Seine, etc.

Au commencement du repas, M. le Président a donné lecture d'une dépêche télégraphique qu'il venait de recevoir de Bruxelles
et dans laquelle le prince Napoléon envoyait
ses souvenirs à l'Assemblée.

Les Comités de Marseille et de Reims ont fait parvenir par voie télégraphique leurs saluts fraternels aux Comités de la Seine.

Au dessert, les toasts suivants ont été portés :

Par M. Engerand, au prince Napoléon,

Par M. Legoux, à la démocratie française,

Par M. Turpaud, à l'Impératrice,

Par M. Debetz, au Président du banquet et au délégué général du Prince,

Par M. Desile, aux Comités de Province.

M. Boinvilliers a entretenu l'Assemblée des futures élections. Tous ces discours ont été couverts d'applaudissements.

Nous donnons ici le discours de M. Legoux.

Messieurs,

Je lève mon verre en l'honneur de la démocratie française !

La démocratie, ce principe sauveur de notre société, dont on parle tant et qu'on met si peu en pratique.

Aujourd'hui, tout le monde est démocrate par les lèvres. Quels sont ceux, au nombre des hommes politiques qui aspirent à gouverner le pays, qui le sont par le cœur ? Je n'en vois guère.

Quels sont ceux, détenant le pouvoir, qui le sont par les actes? Je n'en vois pas.

Mais où sont les hommes qui ont un véritable amour du peuple, faisant que tous les jours, ils souffrent pour lui dans leurs intérêts, et ont sacrifié leurs situations, leurs fortunes, leurs carrières, pour se consacrer à défendre les droits de la Nation? Quels sont-ils? Ah! ceux-là, je les connais bien; je les vois ici; mes amis, c'est vous! (*Applaudissements.*)

Aussi, est-ce pour moi une joie grande que de me trouver, en un jour de fête, au milieu de vous, les représentants autorisés de l'immense famille plébiscitaire qui, en ce moment, est endolorie, qui peine et qui gémit. Elle attend, avec impatience, l'heure solennelle où la France pourra parler, non point dans des scrutins d'arrondissement, où l'on torture la volonté des Français, comme on torturait leurs corps dans les geôles avant 1789, mais en une irradiante lumière, dans une grande consultation nationale, en pleine liberté!

Qu'est-ce, en effet, que la démocratie? C'est le gouvernement où le peuple exerce la souveraineté, soit par lui-même, soit en la déléguant directement, sans intermédiaire aucun, à un citoyen quelconque, qu'il se nomme Président de la République ou Empereur, peu importe. Le titre n'est rien; le principe est tout. La République, nous en voulons, — et cela nous l'avons toujours dit — mais avec le Président élu directement par la Nation, parce que nou

entendons qu'elle soit grande, forte et res-
pectée, et non pas sous le fouet, comme aujourd'hui d'hommes qui ne la servent pas,
mais qui s'en servent.

Voilà pourquoi le parti démocratique n'est
pas, en réalité, un parti. C'est l'universalité
des citoyens imposant légitimement ses
volontés et dictant légalement ses lois.

Quoi qu'on fasse, quels que soient les retar-
dements qu'on y apporte, et la coupable révolte
des hommes au pouvoir contre la souveraineté
nationale, il faudra bien qu'on arrive à recon-
naître cette souveraineté et à s'y soumettre.

Ne voyez-vous pas que déjà la réélection du
Président de la République est battue en
brèche de tous les côtés, et qu'on se demande
quelle autorité ont 900 membres d'un Congrès
pour perpétuer sur une seule tête la première
Magistrature de la République. Le Peuple,
seul, pourrait conférer de tels pouvoirs ; et
voilà qu'on commence à songer à lui et à
penser que lui, et pas d'autres, peut nous
tirer de la difficulté intolérable de l'heure
présente. Cette consultation nationale libéra-
trice, depuis de longues années, nous la
réclamons avec une persistance et une téna-
cité toute patriotiques.

Les temps sont proches, j'en ai la conviction,
où pour sortir des embarras inextricables,
politiques, financiers et sociaux où nous nous
trouvons, il faudra demander au Peuple d'être
son propre sauveur et de choisir son chef.

Ce jour là, messieurs, vous s avez quel nom sortira des urnes, et, s'il n'en sortait point — il faut tout prévoir, même l'impossible — vous auriez encore combattu le bon combat, puisque, par votre persévérance, vous auriez fait rendre à la Nation sa souveraineté abolie depuis plus de 20 ans. *(Longs applaudissements.)*

C'est votre gloire, Membres des Comités Plébiscitaires, de conserver intacte l'idée de la démocratie et le principe plébiscitaire ; vous tenez à la main le flambeau de la vérité, qui est aujourd'hui souffleté par tous les vents de la haine, de la jalousie, de la peur, mais qui doit bientôt éclairer de sa pure flamme notre chère Patrie.

Le triomphe de la Vérité arrive toujours ; mais on ne peut la violenter, il faut attendre son heure avec confiance. *(Ecoutez, écoutez.)*

Aussi, tandis que, de droite et de gauche, les partis cherchent à faire prédominer leurs doctrines, leurs idées, leurs intérêts, surtout leurs intérêts, et ont recours, tantôt aux flatteries, tantôt aux menaces ; le nôtre, dédaigneux des moyens de propagande qui demandent beaucoup d'argent, beaucoup d'audace et pas beaucoup de scrupules, garde un imposant silence. Le Peup e sait que vous êtes, laissez-moi dire avec un légitime orgueil, que nous sommes ses plus anciens et ses plus fidèles serviteurs ; il se repose avec confiance sur nous. Le jour où il nous appellera au combat, nous dirons « Présents » ; aucun nous veau sacrifice ne nous coûtera pour l'aider à reconquérir sa souveraineté.

En attendant, soyez-en assurés, on n'est pas sans admirer à l'Etranger le calme tout puissant, dans sa modération, du Parti Bonapartiste. Quand, autour de lui les autres partis s'agitent et, semblables à des navires désemparés, sans boussole, naviguent à l'aventure, obéissant à tous les vents ; le nôtre, notre navire national, sait où il va et ce qu'il veut. Il va conquérir l'affranchissement du Peuple, il veut la souveraineté du Peuple, et, sur les plis du pavillon tricolore qui flotte au plus haut de ses mâts, il n'y a que deux mots « Le Peuple Français ». Ces mots-là résument notre doctrine, notre foi et notre espérance !

Oui, nous voulons que la souveraineté du Peuple ne soit plus un vain mot, mais une éclatante réalité ; nous voulons que le Chef de l'Etat, élu directement par la Nation, soit responsable devant la Nation ; nous voulons que ceux qui souffrent et peinent dans la vie, que les malheureux, les déshérités et les miséreux aient en face d'eux, non plus un Gouvernement, sorte de Société anonyme en commandite, où personne n'est responsable ; mais un homme en chair et en os, et surtout, si je puis m'exprimer ainsi, en cœur, c'est-à-dire l'aimant du fond du cœur, auquel ils puissent adresser leurs justes réclamations. Nous avons assez, nous avons trop du Parlementarisme. Nous n'en voulons plus ! (*Bravos répétés.*)

Pour moi, quel que soit le nom que l'on donne à la suprême magistrature du pays, j'ai la ferme conviction, si je juge l'avenir d'après le passé, que l'homme qui en sera revêtu doit être un Napoléon ; car, depuis bientôt un siècle, les Napoléons ont été les seuls à défendre les droits imprescriptibles de la Nation envers et contre tous, aussi bien conre les insurgés de l'extrême droite, que contre les révoltés de l'extrême gauche.

Toutes les fois qu'ils ont rétabli l'ordre en France, ils l'ont fait pour maintenir le respect qu'on doit à la souveraineté nationale et au principe supérieur de notre droit moderne : le plébiscite. (*C'est vrai ! c'est vrai !*)

Le jour où le général Bonaparte braquait ses canons sur les marches de l'église Saint-Roch, et tirait contre les sections royalistes qui voulaient renverser la République fondée par la Constitution de l'an III et acclamée par le peuple, ce jour-là Bonaparte protégeait le premier plébiscite qu'ait proclamé la France !

Le jour où le Prince Louis Napoléon rétablissait le suffrage universel dans son intégrité, malgré une Assemblée qui, comme celle que nous subissons aujourd'hui pour la honte de la France, avait peur du peuple ; ce jour-là, le 2 Décembre 1851, c'était encore un Bonaparte qui affirmait le droit du peuple d'être son maître et de faire connaître sa volonté en un plébiscite.

Ainsi, toutes les fois que les Bonapartes

ont été énergiques au pouvoir, ils l'ont été pour le peuple et par le peuple.

Il est temps de faire cesser la légende que des esprits ignorants ou malintentionnes répandent à plaisir et qui représentent les Bonapartes comme des sortes d'agents de police dont le devoir unique serait de faire circuler les citoyens dans la rue, et de taper sur ceux qui ne circulent pas. Les seuls hommes qu'ils aient frappés, ne l'oubliez pas, ont été ceux qui ont voulu se révolter contre la volonté nationale.

Il faut qu'on le sache : le petit chapeau du Grand Napoléon n'était pas un chapeau de gendarme, c'était le chapeau de Wagram, d'Iéna et d'Austerlitz, qui a mené tant de fois nos peres à la victoire; et, je le dis bien haut, c'etait aussi le chapeau de Waterloo où toutes les réactions de la France et de l'Europe s'étaient ruées contre l'homme qui défendait les droits imprescriptibles de la Révolution Française.

Voilà pourquoi le nom de Napoléon et celui de la Révolution de 1789 sont intimement liés. Napoléon est enfant de la Révolution: il a soutenu sa mère, il l'a défendue jusqu'à l'heure suprême où les souverains et les peuples de l'Europe l'ont attaché pantelant sur le rocher de Sainte-Hélène; il est mort pour elle, il est mort pour la Patrie ! (*Vive émotion.*)

Et tenez, Messieurs, permettez-moi de descendre de ces altitudes où vient de me porter l'étude de l'histoire de ce siècle, pour vous raconter une anecdote qui m'a été dite, pas plus tard qu'hier, par un officier revenant d'Algérie et qui prouve que, même chez les peuples peu au courant de notre politique, il existe, dans leur esprit, une confusion, ou plutôt une fusion toute naturelle, entre les deux enfants de la Révolution Française : les Napoléons et la République. Il paraît que les Arabes ne veulent recevoir en payement que des pièces françaises, et encore, il faut faire une sélection; ils n'admettent que les pièces portant l'effigie ou de Napoléon III ou de la République. Savez-vous pourquoi? Ils l'expliquent dans une naïveté de langage que je vous rends textuellement. Ils disent : « Moussu Napoleon, Empereur ; Madame Publique, sa femme. » (*Rires approbatifs.*)

En vérité, ces enfants du désert savent mieux la philosophie de l'histoire que beaucoup de politiciens républicains, royalistes et même bonapartistes, il faut bien l'avouer.

Mais le Peuple, lui, qui n'est pas politicien, et qui, pour cela peut-être, a un grand fonds de bon sens, n'ignore pas que les Bonapartes sont des démocrates ; ils ont cela dans le sang, comme tous les Français ont dans le sang l'audace et le courage. Il se souvient que la bourgeoisie apeurée avait en haine, il y a vingt-cinq ans, Napoléon III, lui jetant à la face, comme une insulte, les noms de socialiste et de démocrate. (*C'est sa gloire !*).

Aujourd'hui, le représentant de ces idées

éminemment fraternelles est à Bruxelles. Il porte le plus grand nom des temps modernes ; il a, comme tous les Napoléons, l'amour ardent des malheureux et la volonté de leur donner la place à laquelle ils ont droit au soleil de la vie ; il veut continuer, pour eux et à leur profit, l'œuvre de la Révolution de 1789, qui n'est que commencée, entendez-le bien, mais qui s'accomplira en son entier, malgré les opportunistes, pour le bonheur de la Nation tout entière.

Quant à vous Messieurs, vous êtes en France la phalange sacrée de cette grande démocratie qui va, tous les jours, en s'affirmant avec une nouvelle puissance.

Voilà pourquoi l'âme de la patrie, si elle est quelque part, doit être au milieu de vous.

Elle ne peut être ni dans les ministères, où l'on gouverne pour une moitié du pays contre l'autre moitié, — ni à l'Elysée, où le chef de l'Etat, tout honorable qu'il soit, n'est que l'élu de quelques quarterons de sénateurs et de députés, et est surtout le prisonnier de la Chambre et des ministres, — ni dans les Chambres elles-mêmes, où les voix sont vendues au plus offrant et dernier enchérisseur, — ni à la Bourse, où l'on joue à la hausse et à la baisse l'argent des travailleurs et où on les vole, — ni dans les tribunaux, où l'on prostitue la justice.

Oui, l'âme de la France est ici, avec les représentants dévoués, résolus, de la Souveraineté Nationale, incarnée depuis un siècle dans les Napoléons !

Messieurs, je bois à la Démocratie française !

(Longs applaudissements. L'orateur est entouré et félicité.)

Voici le texte de la dépêche envoyée par le Prince et lue au commencement du banquet par le Président :

« Remerciez en mon nom les Comités Plébiscitaires de la Seine, réunis à l'occasion du 15 août, pour affirmer leur inebranlable fidélité aux doctrines napoléoniennes.

« Dites-leur que je suis de cœur avec eux.

« NAPOLÉON. »

A la fin du banquet, le Président a proposé l'adresse suivante, qui a été votée dans un enthousiasme général :

« Les membres des Comités Plébiscitaires, réunis le 15 août 1892, au nombre de près de neuf cents, en un fraternel banquet, affirment leur attachement aux principes de la Révolution Française, dont les Napoléons ont toujours été les plus fermes soutiens.

« Ils envoient à l'Exilé, au prince Napoléon, l'hommage de leur dévouement.

« Ils saluent en lui le continuateur des
traditions de sa famille, le représentant de
la vraie démocratie, le promoteur des amé-
liorations sociales, le revendicateur de la
souveraineté nationale, le soldat du Peuple »

Paris. — Imp. PAUL DUPONT — 1036.8.52